*Meu Pai*

Coleção Paralelos

*Coordenação de texto:* Luiz Henrique Soares e Elen Durando
*Preparação:* Gessé Marques Jr.
*Revisão de texto:* Simone Zac
*Capa e projeto gráfico:* Sergio Kon
*Produção:* Ricardo W. Neves e Sergio Kon

Samuel Fux   Jacques Fux

# MEU PAI

## E O FIM DOS JUDEUS DA BESSARÁBIA

Copyright © Editora Perspectiva, 2023.

Em respeito ao meio ambiente, as folhas deste livro foram produzidas com fibras obtidas de árvores de florestas plantadas, com origem certificada e outras fontes controladas

CIP-Brasil. Catalogação na Publicação
Sindicato Nacional dos Editores de Livros, RJ

F996m
    Fux, Samuel
      Meu pai : e o fim dos judeus da Bessarábia / Samuel Fux, Jacques Fux. – 1. ed. – São Paulo : Perspectiva, 2023.
      96 p. ; 21 cm. (Paraelos ; 41)

    ISBN 978-65-5505-143-8

    1. Judeus – Bessarábia (Moldávia e Ucrânia) – História – Ficção. 2. Judeus – Brasil – História – Ficção. 3. Ficção brasileira. I. Fux, Jacques. II. Título. III. Série.

                  CDD: 869.3
23-82782          CDU: 82-311.6(81)

Meri Gleice Rodrigues de Souza – Bibliotecária – CRB-7/6439
01/03/2023    06/03/2023

1ª edição.

EDITORA PERSPECTIVA LTDA.
Alameda Santos, 1909, cj. 22
01419-100  São Paulo  SP  Brasil
Tel.: (11) 3885-8388
www.editoraperspectiva.com.br
2023

*Pessoas que perdem seus pais quando jovens permanecem apaixonadas eternamente por eles.*

AHARON APPELFELD

# SUMÁRIO

9 No Brasil, Bem Distante da Bessarábia

11 Em Belo Horizonte, Bem Longe de Briceni

15 No Calafate, na Ausência dos *Pogroms*

21 Em Busca de Rastros

31 Carlos Prates, Afastado da Transnístria

37 Outras Memórias da Casa;
Nenhuma Memória do Lar

45 Mais Memórias Perdidas
e Desencontradas no Tempo e no Espaço

51 Em Briceni

59 Histórias e Não Histórias

67 O Trabalho Enobrece?

79 Coleções: Farturas e Privações

85 Aeromodelos

93 À Minha Família, à Família do Meu Pai
e às Famílias da Bessarábia

# NO BRASIL, BEM DISTANTE DA BESSARÁBIA

Começo a escrever para resguardar fagulhas de lembranças próximas e antigas, verdadeiras e falsas, presentes e ausentes.

Será possível criar um romance? Serão fiéis as palavras e os passados? Terão existido esses momentos? Não sei. Quero apenas perpetuar o que permanece, o que insiste e persiste em forma de retalhos.

Tentei inventariar um livro por desmemórias, criações e fragmentos, sem ordem cronológica, assim como são as imagens, os lugares, as pessoas e os fatos agora perdidos. Distante do projeto proustiano de edificações das reminiscências, aqui resistem detalhes faltosos e furtivos, falhas, faltas e incompletudes.

Um livro sobre restos e rastros.

# EM BELO HORIZONTE,
# BEM LONGE DE BRICENI

Quando criança, ainda sem saber da história que surgia – e da história que tinha que perpetuar –, morei em Belo Horizonte, no Barro Preto, na rua Araguari, acredito que entre as ruas Tupis e Goitacazes. Não me lembro da fachada, das cores, do número... não me lembro de quantos cômodos havia, onde dormíamos e nem mesmo dos perfumes da vizinhança – sei apenas que os vizinhos não se importavam com a gente, apesar de a gente ter sempre medo deles. Manias e receios do papai. O fato é que já não me recordo de tanta coisa – a memória tem esse poder arbitrário de nos furtar eventos, detalhes, sensações –, mas perto da nossa casa vivia a família Lipovetski: Guilherme com seus filhos e esposa.

Não era em frente, já que vivíamos quase escondidos (assim como as lembranças) num barracão alugado: papai, mamãe, eu – o primogênito da família Fux no Brasil – e o meu irmão Simão. Sei que os Lipovetskis, assim como nós, vieram fugindo de algum lugar em busca de esperança, mas desconheço a sua história, assim como desconheço a minha. O que resta são as cicatrizes das saudosas brigas de criança com Bernardo e Rubinho Lipovetski. (Onde será que eles se encontram hoje? Ainda estão vivos? Ainda se recordam de que eu sempre vencia nossas brigas?)

De tudo que aconteceu na nossa casa, pouco ainda resiste nos escombros, ruínas e destroços da memória. Agarro-me a alguns dos ladrilhos azuis que cercavam a casa e remodelo o que agora irrompe: uma conversa com mamãe, que nunca esqueço, de uma chuva forte que desabou num dia perdido do passado nesse Barro Preto – será por isso o nome do bairro e a sua transfigurada cor? Após essa chuva, hoje bíblica e significativa, vimos na porta da casa um amontoado reluzente de gelo. Para uma criança com poucos brinquedos, alguns sorrisos e grande imaginação, aquilo era a certeza do mágico. De um mundo encantado que habitava os céus e que talvez se importasse com a chegada dessa família pobre de imigrantes perseguidos.

Sempre achei que esse momento fosse fruto das minhas fantasias. Porém, décadas depois, após uma forte chuva – e já vivendo com minha esposa e meus dois filhos –, uma quantidade grande de granizo se juntou na área externa do nosso apartamento. O gelo despertou os

PAI                                                          1 3

olhos dessa criança que ainda vivia em mim, e a saudade
da minha mãe se juntou ao passado congelado. Retornei
àquele barracão, agora no quarto dos meus pais, pulando
e brincando no colchão com as pedrinhas de granizo.
Lembro-me de que pulava e sorria até que, de repente,
uma dor me fez perder o equilíbrio. Fui picado por um
escorpião, sem consequências, além das lágrimas esque-
cidas e agora revisitadas.

Papai veio de algum lugar, não sei de que bairro e nem
como era a sua casa – "Papai, o senhor veio da Bessarábia,
da Moldávia, do Império Russo ou da Romênia?" Sei que,
enquanto eu crescia, cada dia a história que desconhecia
mudava um pouco. Seu país se transformava num lugar
diferente e distante, com uma grafia ainda mais estranha
que a outra – lembro-me disso, pois tínhamos que construir a árvore genealógica da família na escola e a minha
era sempre esquisita e pobre, sem galhos e ramificações. Só
anos depois descobri que esses países eram o mesmo, que lá
fazia frio, e que ele guardava um segredo de sua juventude.
    Nos olhos de papai percebia que as pedras de gelo
que me traziam sorrisos e brincadeiras não despertavam
boas recordações. Algo trágico aconteceu à sombra daque-
las ruas congeladas.

# NO CALAFATE,
# NA AUSÊNCIA DOS POGROMS

Do Barro Preto, mudamos para o Calafate, rua Platina 1136, nos fundos da loja do papai: a inesquecível Colchoaria Calafate. Papai tinha essa loja na parte da frente, e no fundo ficava nossa casa. Sei que por lá vivemos uma vida repleta de cotidianos, de surpresas, descobertas e silêncios.

No quintal, parte de terra batida e árida – uma várzea de sonhos –, havia um barracão onde Úshe – nome em ídiche abrasileirado para Oscar –, sobrinho de papai, viveu por anos. Também havia um galpão coberto no qual eram fabricados colchões de capim, de crina, e travesseiros e, em seguida, em pequena escala, colchões supermodernos de mola feitos em parceria com meu tio Marcos. Hoje busco em vão sentir o cheiro seco daquele capim e crina que impregnou o despertar da minha da infância.

Queria resgatar esses perfumes da infância, mas não posso. Não consigo sentir odores de nenhum tipo. Anosmia. Mamãe dizia que papai também não possuía olfato. Talvez ele não quisesse se recordar da infância, do cheiro dos *pogroms*, das perseguições, do odor das cinzas. Talvez ele quisesse se esquecer e apagar; talvez eu queira recriar as lacunas de sua história.

Curioso é este dispositivo da memória: tantas coisas que gostaria de reviver, de saber do meu pai, mas o que me surge da Colchoaria Calafate são as estruturas dos moldes concebidos para forjar as molas que ficavam dentro dos colchões. Será que o que resta da memória é somente o molde? Uma estrutura edificada em meio a tantas sensações, sentidos, carinhos e sorrisos perdidos que um dia preencheram essas armações, mas que hoje persiste apenas como um vazio?

Sei que ajudei a fabricar esses colchões, revestindo as capas do tecido com suor, capim e crina. Algumas vezes, papai até deixava a loja sob minha responsabilidade durante as entregas. Novo, e sem ter nascido com a verve judaica para o comércio, conseguia vender um colchão ou travesseiro, o que me deixava exultante – me sentia quase como aqueles judeus no Templo fazendo todo tipo de negócio.

Que pena que me lembro e sinto tão pouco...

Mas, mesmo com a minha surdez atual, ainda posso ouvir as notas musicais daquela máquina elétrica Singer ressoando junto ao caminhar perdido do papai durante as madrugadas. Ele trabalhava até tarde. Trabalhava e tinha medo, muito medo, de que o fechar dos olhos e o abafar dos sons trouxesse a cena terrível do seu adeus ao pai.

Adeus forçado que o calou para sempre.

Durante um período, papai também foi alfaiate. Eu o observava admirado e escondido – já era hora de criança estar dormindo – fazendo moldes, cortando o tecido e costurando a calça e o paletó encomendados pelos fregueses. Na colchoaria (disso e do meu silencioso pai me recordo), os moldes das calças, do paletó, as tesouras e outros apetrechos para a confecção dos ternos ficavam acomodados numa das estantes que sustentavam a parte de cima do depósito de colchões. Mesmo com a destruição perpetrada pelo tempo, essas frágeis edificações se sustentaram.

Décadas depois da morte do meu pai, quando fui a Portugal, havia no El Corte Inglés uma alfaiataria que fazia roupas sob medida. Achei curioso e comecei a visitar o andar até que deparei com um alfaiate cortando tecido para calças e paletós. O alfaiate pegava os moldes, colocava-os em cima do tecido e, com um giz especial, fazia a marcação no pano e depois pegava uma tesoura para cortar. Com habilidade e tranquilidade, começava a seguir as marcas e os contornos de giz. Tomado de profunda emoção, fui levado pela memória de volta à loja de meu pai. A tesoura era igual; o giz era o mesmo, de cores amarela, azul, cinza, dependendo da cor do tecido utilizado. O barulho que ele fazia com a tesoura era idêntico ao que ouvia enquanto observava papai.

"O tempo não para. Só a saudade é que faz as coisas pararem no tempo."

Minha esposa, Nelma, me observava de longe, assim como há mais de cinquenta anos eu observava escondido meu pai. O som da tesoura seguindo os caminhos embaçados de giz eram os mesmos ruídos inesquecíveis da minha infância. Era a história inebriada do meu pai. O alfaiate fazia como papai: após o corte de pedaços de partes que comporiam o terno, ele os enrolava em pequenos montes de tecidos e os amarrava com uma sobra de retalho obtido dos cortes realizados. Esses montes eram as peças que comporiam as mangas, os bolsos, as pernas e outras partes do paletó e do terno. Roupas, histórias e deslembranças sob medida. Sob a medida exata do tempo.

Os retalhos são esses fragmentos que tento amarrar à memória fugidia.

Imagino que papai também observava o seu pai, Simão Fux, escondido. Imagino que ele também o admirava. Que ele também era o seu herói. Creio que o silêncio do meu

PAI 19

pai veio dessa mesma época. De observar escondido o seu pai sendo perseguido, humilhado e maltratado naquela cidade em que judeus, embora predominassem, nunca foram bem-vindos.

Papai teve uma caminhonete verde – com listras e calotas brancas ou pretas? – que ele utilizava para fazer as entregas de colchões, travesseiros e ternos em bairros próximos ao Calafate. Foram três caminhonetes – duas Chevrolet e uma Ford. A Chevrolet verde era adaptação de um carro cortado com uma carroceria especial para as entregas. Da Ford me lembro pouco, mas sei que gostava dela e que a dirigi. A última que ele comprou foi uma Chevrolet Apache azul e branca, que tenho memorizada em *flashes*, fotografias e rabiscos apagados. Lembro-me de que ela ficava parada na frente de nossa casa e que era comum o "furto de uso": os ladrões roubavam os veículos para passear e os abandonavam em locais próximos quando a gasolina acabava. Ainda não havia o desmanche e nem a venda de veículos roubados. Diversas vezes, tentaram roubar a nossa caminhonete, porém papai retirava o rotor do motor (existe uma peça chamada "rotor do motor"? Sei que sem essa peça – ou sem essa lembrança – a história não faz sentido), mas, mesmo assim, os ladrões empurravam a caminhonete rua abaixo imaginando que o motor pegaria no tranco. Como havia buracos, a caminhonete acabava dentro de um deles, e os ladrões largavam o veículo e fugiam. Por diversas vezes papai teve que retirar a caminhonete desses buracos.

As memórias habitam esses buracos.

Na cidade onde papai nasceu, durante os *pogroms*, as lojas e as casas dos judeus eram assaltadas, quebradas e incendiadas. As roupas, rasgadas. Não sobravam as carroças nem os animais. Décadas depois, durante o nazismo, essas mesmas casas e lojas foram tomadas dos judeus permanentemente. Até hoje, estão em posse de famílias que talvez desconheçam o passado ou não se importem com ele. Esses crimes não foram cometidos por ladrões, mas por pais de família carinhosos, vizinhos cordiais e até colegas de escola que fizeram os seus "furtos de uso", porém subtraídos por uma vida toda.

# EM BUSCA DE RASTROS

Instantes se apagam; as cicatrizes permanecem. Meu pai tratou de enterrar suas feridas. Talvez tenha sido a sua única saída; sua forma de continuar caminhando. Ele nunca me contou sua história, nunca me ensinou sua língua – para falar a verdade, nem sei que língua ele falava com seu pai e seus amigos, se era ídiche, romeno, russo ou algum dialeto já desaparecido. Seu carinho se deu em forma de silêncios e vestígios.

Sou filho de um pai que teve o pai arrancado pelo ódio. Sou filho de um alfaiate, de um caixeiro viajante fugidio, temeroso e silenciado. Sou o filho que leva e suporta a herança do pai.

Sou, entretanto, o filho que não precisa mais ficar vagando sem rumo, sem casa e sem esperança nesse mundo que um dia concebeu guetos, *pogroms* e Auschwitz.

Sigo um rastro: um vestígio-rasgo na minha pele. Um pequeno acidente, brincando de circo no quintal de terra batida da nossa casa. Eu cercava o picadeiro usando cordões cortados com um canivete, e criança com canivete não dá certo. Ao me abaixar para fincar a madeira-haste do meu circo, o canivete penetrou na minha coxa. A dor foi grande, o susto do meu pai foi maior ainda. Talvez naquele dia eu tenha decidido largar a profissão, mesmo que imaginária, de circense. Penso nas feridas do meu pai, tão secretas e pungentes. Tão diferentes das minhas feridas superficiais. Ao escrever, alguns detalhes surgem. Eu e os funcionários do papai da Colchoaria Calafate enfiávamos, numa abertura do tecido, capim e crina. E, com uma agulha grande, modelávamos a beirada do colchão com pontos repuxados, dando ao colchão um formato perfeito. Durante esse processo, eu fazia acrobacias circenses sobre esses colchões – sem papai sequer sonhar. Não me lembro de ter me ferido.

Houve um período da infância em que me sentia o máximo – e não foi durante nenhuma apresentação circense na loja de colchões. Frequentava o *Haschomer Hatzair* – um movimento de jovens sionistas que sonhavam em emigrar para Israel, construir *kibutzim* e continuar colonizando esse jovem país que acabava de ser criado e que estava passando por maus bocados. Quando tínhamos as tão aguardadas *makhanot*, acampamentos, os líderes do grupo compravam na nossa loja vários colchões e travesseiros.

PAI                                          23

(A cidade de onde meu pai veio tinha uma intensa atividade sionista com vários movimentos juvenis sonhando em criar um Estado judeu. Na juventude de papai, por volta de 1925, era uma utopia: imaginavam que um dia as perseguições e o antissemitismo teriam fim quando existisse uma terra só para os judeus. Um lugar único na história que zelasse pela segurança de qualquer judeu, de qualquer parte do mundo.)

Papai, comigo a tiracolo, alugava um caminhão e partia como um guerreiro para cumprir sua missão: assegurar que todos os jovens judeuzinhos sionistas tivessem um lugar confortável para dormir depois de um longo dia de trabalhos e diversões. Também para nos proteger dos malditos insetos e carrapatos antissemitas.

As cabanas onde dormíamos eram feitas de lonas que o exército emprestava. Mesmo com certa proteção, voltávamos para casa mordidos por insetos e com carrapatos por todo o corpo. Lembro-me especialmente de alguns carrapatos nazistas que se escondiam no meu umbigo e me acompanhavam durante as aulas.

Certa vez, indo para uma *makhané*, papai ficou com receio de que eu ficasse com fome e traficou, escondido nos seus colchões, pão, queijo, salame e biscoitos. De noite, depois de uma longa jornada de trabalho – essas *makhanot* não eram só diversão; não havia estrutura, nem luxo e nem conforto, pois servia como uma simulação da vida agrária que enfrentaríamos se nos mudássemos para um *kibutz* cercado de inimigos e sempre na iminência de uma guerra –, cheguei com fome (a comida era péssima, pois nós mesmos cozinhávamos) e ansioso para comer o tráfico ilegal. Já salivando com a minha ceia secreta, fui surpreendido por formigas que haviam invadido a tenda e atacado sem dó os quitutes. Talvez eu tenha compartilhado essa refeição com as formigas. Não me lembro.

Não me esqueço também de uma chuva antissemita que inundou o acampamento e estragou todo o jantar. No dia seguinte, depois da tempestade, fomos para a barraca onde fazíamos as refeições e qual não foi nossa surpresa quando percebemos uma quantidade maior de sopa. Mas era uma sopa rala, bastante diluída. Vendo uma foto, em que não me reconheço, lembro-me desses dias molhados de chuva e de sopa. Dias felizes.

Meu pai nasceu em Briceni, em 1917. Fugiu de lá em 1930. Nessa época, a democracia existente na Romênia foi se transformando numa ditadura fascista. Manifestações antissemitas constantes diziam que os judeus tramavam a dominação do país e da economia. Os judeus eram

PAI

conspiradores e tudo podia ser comprovado nos *Protocolos dos Sábios de Sião*.

Anos depois, com o início da Segunda Guerra, as tropas nazistas entraram na Romênia. No dia 22 de junho de 1941, mesmo com o pacto de não agressão germano-soviético, as tropas nazistas invadiram a União Soviética e ocuparam a Bessarábia e a Bucovina. A Romênia era governada pelo ditador Ion Antonescu, que incentivou a matança de judeus na capital. Em 8 de julho de 1941, Antonescu discursou ao seu Conselho de Ministros:

> Mesmo correndo o risco de não ser compreendido por alguns tradicionalistas, sou a favor da total migração forçada dos elementos judeus da Bessarábia e da Bucovina. Não me importa se formos apontados como bárbaros perante a história. O Império Romano também cometeu atos de barbárie, mas foi a maior potência de seu tempo. O momento é este e, se necessário, saberemos como utilizar nossas metralhadoras.

Os judeus que não foram dizimados foram enviados para campos de concentração e extermínio. Muitos deles relataram da sopa rala e bastante diluída – sem sorrisos e esperanças – que os (des)nutriu durante anos.

Uma lembrança dessa época de movimento sionista: Shustrão, o nosso monitor do *Haschomer Hatzair*, que se mudou para Israel. Um dia soubemos que ele ia ser pai. Naum, meu *madrikh* (monitor) no movimento juvenil e amigo dele, sugeriu que gravássemos um disco com músicas e mensagens que ele levaria quando fosse para lá. Lembro-me de toda nossa *kvutzá* (grupo) no Estúdio do Elias Salomé, na rua Espírito Santo, perto da Cama Patente, gravando "Sua majestade, o nenê". Anos depois, soube que o Shustrão presenciou um atentado suicida em Israel.

Lembro-me também de que, em 1975, fui convidado pela Agência Judaica para fazer um curso de Liderança em Israel. Chegamos numa linda e fria noite a Tel Aviv, bem no dia do meu aniversário, 7 de abril, e uma van nos esperava para nos levar a Jerusalém. Ficamos alojados numa hospedaria de uma senhora. A visita ao Yad Vashem foi emocionante. Assistimos a um filme que mostrava a evolução do nazismo, a redução dos direitos dos judeus pelo mundo e na Alemanha, os *pogroms*, os judeus em vagões sendo transportados para os campos de concentração, o discurso do Antonescu, a história da liquidação dos judeus da Bessarábia. Outro local de que guardo lembranças foi a visita ao Museu do Livro,

PAI 27

onde estão pergaminhos do Mar Morto atestando a história do povo judeu.

A ida ao Muro das Lamentações era diária. Voltávamos de nossos passeios, visitas e palestras e pegávamos um táxi direto ao Muro. Lá ficávamos durante horas lembrando-nos das *makhanot* chuvosas, dos sonhos colonizadores da Haschomer Hatzair, e dos jovens sionistas da Bessarábia que não tiveram a oportunidade de ver Israel. O Muro ainda não era do jeito que vemos hoje; era pequeno, ocupando uma área muito menor. Mas era o nosso Muro. A vitória sionista. Um sonho realizado. Um sonho que custou e tem custado caro.

Infelizmente papai nunca conheceu o Estado judeu. Também não sei como ele se sentia em relação à existência de Israel. Talvez, quando era jovem e rogava por um país que os salvassem dos *pogroms* na Bessarábia, esse país não passasse de um conto de fadas. De uma fábula que se tornou realidade um tanto tarde na história de seu país e de sua família.

Apesar de gostar desses acampamentos, não participei de muitos. Papai ficava receoso com a nossa segurança. Crianças judias largadas no meio do mato, mesmo que no Brasil, lembravam-no de crianças judias recém-órfãs abandonadas no meio do mato na Bessarábia, logo após os *pogroms*.

Ainda na fase da Colchoaria Calafate, cismei de fazer uma carrocinha para ser puxada por um carneiro ou uma ovelha. Conversei com os funcionários do meu pai e dei todas as minhas economias para que comprassem material para a sua construção e para os animais. Lembro-me de me sentir um Noé (ou o Judá Leon) modelando o barro para conceber uma carroça (ou um Golem). Até hoje aguardo pelo carneiro, pela ovelha e por alguém para me ensinar a modelar uma carrocinha (ou um Golem).

(Será que, além dos sonhadores sionistas, não havia também alguns judeus da Bessarábia que desejavam construir um Golem para salvá-los dos *pogroms*? Sei que os judeus religiosos da época de meu pai eram mais parecidos com o *Violinista no Telhado* – culturalmente devotados – do que com o Shtisel – ortodoxos e até antissemitas.)

Como eu brincava (como papai brincava)? Com quem eu brincava (com quem papai brincava)? Como eram os (seus) jogos? Os (seus) sorrisos? As (suas) disputas? As (suas) corridas? As histórias e as mentiras que contávamos para encantar uma vida simples e repleta de feridas de outras gerações? Não, não me lembro. Nunca soube. Invento. Ficam na memória as brincadeiras na fábrica de colchões e o esconde-esconde numa horta com tomates e couve, e no terreno onde havia estoques de capim que,

PAI 29

quando não serviam para os colchões e travesseiros, eram usados como adubo mágico.

A fábrica do meu pai foi substituída. O progresso benjaminiano, com a chegada dos colchões de espuma e das indústrias de molas, fez com que o comércio artesanal perdesse seu lugar. Papai teve que se virar, reformando colchões e vendendo molas usadas. Lembro-me de que ele aplicava um verniz nos móveis, que recebia o nome de "casca de barata", pois lembrava uma bem nojenta. Os seus funcionários diluíam esse produto no álcool e, com uma estopa, passavam nos móveis para dar um aspecto de novo e recauchutado. Com o verniz ainda reluzente, passavam nas portas das pessoas oferecendo esses objetos de segunda mão.

Papai alugou essa loja durante quarenta e cinco anos e, quando o proprietário faleceu, os herdeiros pediram para que ele a desocupasse. Foi triste. Pouco antes do fim, tirei um retrato na frente da loja, já com meus filhos Jacques e Benny, ao lado do papai. A foto existe – apesar de não a encontrar em parte alguma – e é a partir dela que remodelo esse passado.

Ainda me lembro de quando papai tentou colocar um telefone nessa loja. Ele havia comprado um plano, porém, mesmo após ter pagado, não havia nenhuma previsão de

30

instalação. Não sei quantos anos esperou pelo telefone, mas a instalação do telefone nunca acontecia. Até que um dia meu pai recebeu uma outra carta dizendo que, se ele contratasse um novo plano, receberia o telefone. Finalmente tínhamos esse precioso e desejado objeto. Quando comecei a namorar a Nelma, ainda estudante de Direito, ia até a central telefônica da rua Goitacazes e telefonava para ela no intervalo das aulas. O telefone de sua casa ficava na copa, pregado na parede, e era de cor preta. Naquela época, era difícil completar as chamadas, e sempre me dava um frio na barriga na expectativa de ouvir a sua voz.

Não me lembro mais da voz do meu pai ao telefone.

Fragmentos (insignificantes?) dessa época faíscam: a casa do Jaime, que morava a poucos metros da loja e onde havia projeção de filmes Super-8 na parede dos fundos; o salão do barbeiro que comprava nossos móveis e onde havia revistas com mulheres interessantes; as toalhas compradas de outro vizinho de loja, que arrematava produtos em leilões.

# CARLOS PRATES, AFASTADO DA TRANSNÍSTRIA

Num dia de sorte, papai ganhou na loteria e comprou uma casa no bairro Carlos Prates – o nosso lar por anos. Papai tinha seus números e toda semana comprava um bilhete das mãos de um vendedor que passava na loja.

Certa vez, papai tinha saído para fazer uma entrega, e o vendedor não deixou o bilhete como de costume. O bilhete "deu na cabeça", e papai deixou de ganhar o prêmio pela segunda vez. Acasos e destino. (Certa vez, papai passeava com o seu pai pelas ruas da Bessarábia e, como de costume, foram xingados e as pessoas cuspiram ao passarem. Mas, naquele dia, a animosidade estava diferente. Um outro pai com seu filho teve as roupas rasgadas. Acasos e destino.)

Não me lembro de quando mudamos para a casa premiada do Carlos Prates, rua Passos 575. Sei que tinha três quartos, sala, cozinha, um banheiro, garagem e um quintal enorme onde tínhamos uma criação de galinhas, depois patos, coelhos, e onde meu irmão mais novo, Benjamim, criava passarinhos. Três cachorros – Diana e

Herbie e um de que já não recordo o nome – contribuíam para a bagunça. Na horta: alface, tomate, cebolinhas, couve, e árvores de abacate e jambo – não me esqueço das muitas tentativas que fiz de cultivar trepadeiras para cobrir a cerca que havia na frente do terreno. Mesmo lendo livros e pedindo sugestões aos jardineiros (quase como *Bouvard e Pécuchet*), nunca consegui fazer com que elas crescessem.

Vivíamos uma vida tranquila, bem diferente da vida do papai na Bessarábia.

Na casa, morávamos eu, papai, mamãe, Simão e Benjamim. A nossa irmã mais nova, Gilda, nasceu depois. Recordo-me do dia em que mamãe saiu de casa, desapareceu por uma noite ou duas – fiquei preocupado e ansioso – e, quando voltou, simplesmente trazia no colo uma menina chorona e mais um amor para dividir.

O silêncio e os segredos reinavam naquela casa.

No quarto da frente da sala, dormiam papai e mamãe. Ao lado, dormíamos em beliches, eu, Simão e Benjamim. No terceiro quarto, próximo à cozinha, ficava nossa avó materna, Flora. Acredito que quando a Gilda apareceu por lá, sem aviso prévio, apesar dos nove meses em que ficou na barriga de minha mãe, dormiu no quarto dos meus pais.

PAI

Gostava, desde criança, de projetores de filmes e *slides*. O primeiro que tive foi um de 16 mm. As projeções de filmes mudos e em preto e branco eram feitas de forma manual. Uma vez, peguei alguns filmes e montei, em meu quarto, uma sala de cinema e convidei alguns amigos para assistir a faroestes e histórias curtas. Cobrei ingresso. Tive também um projetor manual de figuras, objetos em papel transparente e desenhos que davam ideia de movimento – um precursor dos desenhos animados.

Tempos depois, comprei uma filmadora Super-8 com a qual fiz filmes de jantares, almoços e viagens. Recentemente assisti a cenas de viagem a Lambari, Cambuquira e Caxambu, onde o meu filho Benny aprendeu a andar, e a viagem à Bahia, na Colônia de Férias do Sesc na Praia Itapuã, cinco anos depois, onde o Jacques deu seus primeiros passos. Essa viagem foi feita na companhia dos meus pais, a última do papai.

Papai não gostava daquele tanto de gente frequentando a nossa casa, mesmo que fosse para uma sessão lúdica de cinema. Cinema é passado, é memória, é resgate, é ficção – coisas que ele não conseguia suportar.

Mamãe tinha o hábito de sair todas as tardes para o centro da cidade e, quando voltava, trazia pastéis de carne e queijo que comprava nas Lojas Americanas.

Quando ela chegava, jantávamos todos juntos com acréscimo de farofa e banana, e também com chocolates, dropes de hortelã e biscoitos que ela guardava escondidos na bolsa.

Papai gostava de frequentar o Mercado Municipal, que naquela época ficava a céu aberto. Quando chovia, virava um lamaçal. Lembro-me de que papai comprava galinha no Abatedouro Modelo – as galinhas ficavam numa gaiola e, depois de escolhidas, eram abatidas ali mesmo. A sopa de galinha, segundo mamãe, servia para curar as gripes e fortificar as almas.

No mercado havia um senhor que vendia os seus famosos "doces sírios". Papai escolhia alguns e levava para sobremesa. Era uma festa. Comíamos sem culpa. Era comum também papai comprar, aos domingos, churrasco pronto, pizzas e as inesquecíveis lasanhas e talharim ao molho de tomate.

(Engraçado pensar que tudo de que gosto e todas as memórias de refeições com meu pai não eram *koscher*. Será que em Briceni ele respeitava os rituais alimentícios judaicos? Será que seu pai exigia? Será que ele fez questão de que sua família comesse carne com queijo, galinha ensanguentada e churrasco de porco para não se recordar de seu pai? Para se confrontar com Deus?)

PAI                                             35

Havia um bar em frente à nossa casa. Passávamos
horas sentados batendo papo com nossos amigos, os moleques da rua. Dentro do bar, uma máquina de fazer picolés
com um tonel de salmoura que não deixava a água con-
gelar. Vários formatos e sabores de picolés eram vendidos
pelo sr. Vicente, dono do estabelecimento. Os picolés
eram feitos em forma líquida, colocados nas fôrmas e em
seguida na máquina. Uma pá giratória movimentava a
água em salmoura e, depois de um tempo, as fôrmas iam
aos poucos congelando, mas, antes de endurecerem com-
pletamente, eram colocadas em palitinhos para segurar os
picolés. O sr. Vicente deixava a molecada enfiar os pau-
zinhos de madeira na máquina para roubar um pouco
de picolé.

Saudade desses picolés que, no final, viravam uma
pequena pedra de gelo, sem sabor. Bons tempos aqueles em que a total irresponsabilidade pairava sobre nosso
futuro.

Outros detalhes da nossa casa de que me recordo:
o fogão era elétrico, marca Gardini, moderno para a época;
uma varanda modesta com azulejos azuis e brancos; uma
escada que descia até um portão de metal dava para a
rua, onde mostrávamos as nossas inabilidades esporti-
vas. Com o passar do tempo, a escada foi modificada,

a sala ampliada e uma rampa construída para passar de um lado ao outro da casa.

Anos depois, outra casa foi construída no quintal – um puxadinho com dois quartos, sala, cozinha, área externa, separada por um muro, que passou a ser residência dos meus tios Maurício e Rosinha até se mudarem para São Paulo. Em seguida, a casa foi alugada por um período até meu irmão Simão se casar e lá viver com seus três filhos. Lembro-me de que papai, sempre em silêncio, levava todos os dias de manhã café com leite para os seus netos.

Papai cuidou da gente com exagero e com distância. Talvez para compensar toda a falta e ausência que viveu.

# OUTRAS MEMÓRIAS DA CASA; NENHUMA MEMÓRIA DO LAR

Na casa do Carlos Prates, tentava criar plantas ornamentais para vender. Retirava com cuidado as mudas, colocava em vasinhos ou latinhas, e saía oferecendo pela vizinhança: "plantas, plantas exóticas e únicas". Dizia que eram originárias da cidade de meu pai. Inventava que ele tinha escapado de lá apenas com as roupas do corpo e com essas sementes mágicas escondidas no bolso do paletó.

Nunca consegui vender nenhuma muda. Nunca consegui saber a verdadeira história do meu pai. Até pouco tempo nem sabia o nome de sua cidade natal.

Quem nasceu na Bessarábia recebeu um bilhete premiado: essa região, pouco menor que o estado de Alagoas, ficava entre a Romênia e a Ucrânia, os dois países mais antissemitas do leste europeu e que se aliaram aos nazistas durante a Segunda Guerra.

A história judaica nessa área se iniciou por volta do século XVI com os primeiros judeus, fugindo de regiões vizinhas ainda mais antissemitas, se dedicando ao comércio. Assim que esses judeus tiveram algum sucesso, foram saqueados e expulsos para a Galícia, na Polônia, e para a Podólia, no sudeste da Ucrânia.

Em meados do século XVIII voltaram à região, dessa vez trabalhando na travessia de pessoas e cargas através do rio Dniester. Novamente, quando começaram a prosperar, foram expulsos. Insistentes, retornaram no século seguinte, depois do conflito entre a Rússia e a Turquia e com a anexação pelo Império Russo desse território, agora denominado Bessarábia.

Em 1818, um decreto proibiu os judeus de possuir terras para agricultura, porém podiam comercializar e operar moinhos de trigo pagando impostos altos. Nessa época, havia dezenove mil judeus na Bessarábia, e a população judaica foi crescendo depois de uma decisão do tsar Nicolau I encorajando o assentamento de judeus em cidades e aldeias e oferecendo dois anos de isenção de impostos. E mais: para os judeus que quisessem sair da Podólia, a isenção era de cinco anos, além da concessão do direito de possuir terras.

Em 1856, a presença de judeus subiu para 78 mil e continuou crescendo. No início do século XX, na capital Kichinev, viviam cinquenta mil judeus, quase metade da população total. Já na cidade de meu pai, Briceni, 95% da população era judia. A família dele vivia por lá, vendendo plantas ornamentais (minto).

PAI

39

No Brasil brincávamos com amigos *goim* que moravam em casas próximas, mas meu pai não gostava que nos aproximássemos. O seu medo era de que o outro fosse sempre perigoso, traiçoeiro, dedo-duro. Estrangeiro. Tínhamos alguns vizinhos ciganos. Eles eram festeiros e alegres, bem diferentes da gente. Papai nos dizia que eles faziam festas até quando alguém da família morria. Vi com meus olhos de criança uma dessas celebrações e só compreendi seus costumes e belezas anos depois.

Papai vivia realmente em meio a feridas, traumas e pré-conceitos.

Entretanto, jovens que éramos e criados no mais profundo silêncio, não nos enxergávamos diferentes, estrangeiros e nem considerávamos os vizinhos uma ameaça. Assim, uma amizade surgia, agora unidos pelas bolas de meia, bolinhas de gude, jogos de finca, bente-altas, carrinhos de rodinhas de rolimã que conseguíamos nas oficinas em que papai levava a caminhonete para consertar.

A Bessarábia também foi lar para os ciganos, que tiveram o mesmo destino. No fim da estada dos judeus e dos ciganos na Bessarábia, os vizinhos entregavam as famílias judias e ciganas para tomar posse de seus lares, de seus bens, de suas vidas. Talvez papai tivesse medo dos ciganos, pois olhar para eles era encarar o nosso passado e também a nossa destruição.

Será que a casa da minha família (e a dos ciganos) ainda existe? Quem mora sob esse teto? Conhece a história dos judeus (e ciganos) que um dia viveram ali? Teria visto, como meu pai jamais esqueceu, os olhos de pânico do meu avô?

Depois da malsucedida empresa de jardinagem, tentei criar patos e galinhas. Observei que, no local onde as galinhas chocavam os ovos, formigas as atacavam sem dó. Assim, para que não comprometessem meu negócio, decidi enfrentá-las com minha única arma: água fervida em caneco de alumínio. Iria exterminar aquelas formigas e salvar a geração vindoura dos meus patos e galinhas.

Acredito que tenha sofrido uma punição divina. Cinco anos após o término da Segunda Guerra, quando os judeus tinham sido eliminados como se fossem formigas, eu exterminava esses bichos como se fossem judeus. Isso um Deus não poderia permitir. Assim, quando estava levando a caneca com água fervente para perpetrar meu crime, um dos cachorros da casa se enroscou em minhas pernas, e caindo queimei meu corpo todo. Minha avó Flora, que na época trabalhava com papai, surgiu assustada e mandou que pegassem cal virgem numa construção

PAI                                          4 1

próxima, misturou com azeite e colocou em meu braço e peito. A dor passou (ou piorou, já não sei mais), e a cicatriz da queimadura se eternizou. Ficou tatuada em meu peito.

Da minha avó Flora, tenho poucas lembranças e nada sei de sua história. Os silêncios herdados e perpetuados são frutos de um trauma inconsciente, de uma impossibilidade narrativa da dor, de uma decisão racional e inteligente de conceber uma nova geração, num novo país, sem o fardo da perseguição e da culpa.

(Eu poderia ter investigado a sua história. A história de todos os meus antepassados. A história do meu pai. Mas de que isso serviria agora? Afinal, vivi uma vida inteira sem saber, sem dar atenção, sem vasculhar o trauma geracional que sondou e assombrou minha família, e nela se arraigou. É sobre isso que aqui escrevo: restos incoerentes, inconsequentes, faltosos e absurdos de vidas e mortes silenciadas.)

Minha avó veio da Palestina fugindo da fome e da escassez de esperança e chegou a Sergipe. Dos não dizeres e segredos, escutei que na viagem uma de suas filhas faleceu. Meses depois de sua chegada, mamãe nasceria em Aracaju, solo onde morreu o meu avô materno, de quem herdei o nome: Samuel. Não sei se existe essa lápide, não sei a dor do meu avô, não consigo sequer inventar sua história. Nunca visitei Aracaju. Nem pretendo. Também, quando fui a Israel, não me preocupei em saber a cidade da minha avó.

Vovó se mudou para Belo Horizonte por conta do clima e das montanhas mineiras. Sua viagem da Palestina para Aracaju foi penosa, e todos chegaram ao Brasil com problemas de saúde. As montanhas mineiras eram propícias para tratar doenças respiratórias – a comunidade judaica mineira se fundou por conta da tuberculose europeia.

Vovó montou com papai a Colchoaria Calafate. Ela morava conosco, e a janela do seu quarto dava para a rua Itanhomi. Lembro-me desse quarto, pois pegava as frutas lá de casa e, pela janela, vendia aos vizinhos por valores bem abaixo do custo real. Sábio comerciante.

Minha avó tinha diabetes. Tenho poucas lembranças do seu falecimento, mas acho que, pela manhã, ao me preparar para a aula, mamãe e papai perceberam algo de errado com vovó, que ainda estava deitada. Lembro-me de que minha mãe comentou com papai que, num dos casacos da minha avó, encontraram certa quantia em dinheiro que serviria para as despesas de seu enterro.

Isso me faz lembrar o livro de Karl Ove Knausgard, *A Morte do Pai*. O autor narra o momento em que seu

PAI

43

irmão, ao retirar as roupas do armário de seu pai, acha, numa das calças, moedas norueguesas que serviriam para as despesas com o funeral. São muitos detalhes, diferente do que sou capaz de construir. O livro também fala da dificuldade de relacionamento dos filhos com o pai. Não sei se é ficção ou realidade – o Jacques sempre diz que nos seus livros há verdades ficcionais e ficções autobiográficas, e que nunca saberemos ao certo. Só percebi isso agora, no momento em que escrevo.

Não sei como, com tantas andanças, diásporas e desencontros, meus pais acabaram se conhecendo. Também não sei como se encantaram um pelo outro, quando desejaram viver juntos, como tratavam de suas feridas e saudades (só sei dos silêncios). Sei que, antes de chegarem a Belo Horizonte, pararam no Rio de Janeiro por um ano, lugar onde nasci, em 1945. Sei que vovó morreu no dia 21 de abril de 1966.

# MAIS MEMÓRIAS PERDIDAS E DESENCONTRADAS NO TEMPO E NO ESPAÇO

Lembro-me do tio Boris. Morava perto da gente. Casado com a tia Leia, irmã do papai, estava sempre com um livro na mão e um pratinho com cebolas cruas em óleo. Caricatura perfeita de um judeu. Tinha uma quantidade enorme de livros. Passavam aperto financeiro, mas livros não faltavam. Ele, mesmo sem instrução formal e pouco letrado em português, lia o tempo todo. Boris era vendedor de tecidos, toalhas e outros badulaques. Sei que as mercadorias eram vendidas à prestação e não me lembro de meu tio ter comentado que tivera prejuízo. Os caixeiros viajantes usurários tinham que se arriscar. Alguns foram bem-sucedidos e criaram míticas fortunas, despertando ainda mais o ódio e a inveja a esses estereotipados comerciantes judeus. Outros, como é o caso da minha família, e do tio Boris, conseguiram apenas não passar fome.

Em nossa casa não havia livros. Acho que papai não se interessava por eles. Meus irmãos nunca se interessaram. Eu sempre adorei – influência do tio Boris – e os comprava com amor. Passei esse legado para o meu filho

Jacques. Um legado silencioso, importante. Mas, mesmo sem livros, tivemos a sorte do bilhete premiado e de um lugar para morar. Uma nova esperança de futuro.

Papai teve a sina de não perecer em nenhum *pogrom*. O resto da sua família não compartilhou do mesmo destino.

Na casa do tio Boris havia pés de manga, banana, amora e laranja. Nossa tarefa, talvez para nos lembrarmos da necessidade de colonização da Terra Prometida, era arar o solo e colher de tempos em tempos essas frutas. (Na época do meu pai, muitos judeus da Bessarábia emigraram ilegalmente para a Palestina. Décadas depois, jovens iam para lá colher laranjas e ajudar no desenvolvimento dessa terra inóspita. Nós estávamos prontos para ajudar o Estado de Israel, apesar de nunca termos tido a coragem de ir.)

Tio Boris e tia Leia residiam em dois lotes, num deles ficava a casa e, no outro, um lote vago de esquina. Em certas ocasiões – tudo para fazer um dinheirinho extra – usavam como estacionamento de carros. Lembro-me de que até a carroça do sr. Augusto, que era dono de uma vendinha de legumes, frutas e outros produtos, e que fornecia leite em garrafinhas de vidro que levava num tonel colocado na carroça e saía distribuindo pelas residências,

PAI 47

tinha que pagar seu quinhão (em garrafas de leite) para estacionar no lote dos meus tios.

A comunidade judaica em Briceni, como disse, parecia com *O Violinista no Telhado* (gosto de Tévye, o leiteiro). Teve início em 1817 e, em 1850, já era a maior comunidade judaica da Bessarábia. Em 1897, incríveis 97% da população era judia, maior que a porcentagem de judeus no Estado de Israel de hoje. Imagino o cotidiano, a ida ao médico, o leiteiro, o plantio, a criação das galinhas na cidade de Briceni tomada por judeus, com seus costumes e cultura.

Imagino também o desmoronamento e a extinção de toda essa saga.

As broncas que tomávamos da tia Leia: essas até hoje ressoam nos meus ouvidos. Durante a colheita dos pés de amoras, fazíamos uma sujeira danada. A gente comia e se lambuzava como se não houvesse amanhã. E, lambuzados de alegria, entrávamos na casa com os pés sujos e as almas limpas manchando todo o chão. Tia Leia não queria nem saber dos sorrisos nas almas, somente das pegadas sujas na sua sala.

Perto da casa dos meus tios, na esquina da rua Passos com Itamarandiba, havia um lote vago, palco das nossas

Copas do Mundo. Jogávamos peladas quase todos os dias após as aulas. Como não era um bom jogador, sempre me renegavam ao lugar de goleiro. Só tive o privilégio de jogar na linha quando, depois de vender muitas plantas e mudas exóticas da Bessarábia, virei o dono da bola. (Seriam essas memórias deliberadamente falseadas?) Não me esqueço das ameaças da bruxa. Num dos lados das traves do gol, havia o muro de uma residência e a bola sempre caía na casa dessa senhora. Coitada. Ela dizia que ficaria com a bola, que nunca mais a devolveria ou que a furaria, que era um absurdo isso acontecer tantas vezes por dia, interrompendo sua leitura, e nós jurávamos que seria a última vez que isso aconteceria.

Nunca paramos de jogar bola e a bruxa nunca deixou de nos ameaçar.

Tio Boris junto com papai e outros judeus da época – a turma "comunista" – participaram da construção da União Israelita de Belo Horizonte. Os outros judeus, com crenças religiosas e políticas diferentes, fundaram a Associação Israelita Brasileira. Meu pai nunca foi religioso. Não nos obrigava e nem nos incentivava a participar das cerimônias religiosas. Durante anos, a nossa ida às sinagogas não era frequente, apenas me lembro de ir à União Israelita nos dias de Rosch Haschaná, Iom Kipur e Sinkhá

PAI 49

Torá. Papai ficava sentado numa das fileiras próximo ao rabino. Talvez ele o encarasse. Talvez ele o questionasse. Talvez ele quisesse entender os desígnios absurdos desse Deus. Depois ou antes das rezas, havia sempre um lanche farto e por isso a União ficava lotada. Lembro-me de alguns dos pepinos e tomates em conserva que minha tia Leia fazia e que tinham um sabor maravilhoso. Também gostava dos bolos, das empadas e dos salgados. Lembro-me de uma senhora que levava umas cocadas brancas e pretas e as servia no final. (Hoje vou com mais frequência à sinagoga por causa do meu filho Benny, que gosta tanto de programas sociais. Também, para homenagear meu pai – afinal, toda vez que sou chamado à *Torá*, o nome do pai é louvado: *Schmuel ben Tzfi Rune.*)

Nossa rua não era calçada (a dos meus tios era), e quando chovia a terra era lavada, e se formavam buracos enormes. Várias vezes apareceram construtoras que começavam a preparar as ruas para calçamento, faziam terraplenagem, acertavam o solo e, dias depois, desapareciam, deixando as ruas apenas com terra aplainada. Quando chovia novamente, regos e buracos ainda maiores deixavam as ruas intransitáveis. Um dia, choveu tanto que caiu um raio na Igreja de São Francisco de Assis, que ficava a algumas quadras de nossa casa, e uma faísca derrubou uma árvore enorme e matou centenas de pássaros. A faísca perfurou a caixa d'água de nossa casa, provocando um susto enorme, mas não machucou ninguém. Lembro-me de que durante algum tempo tivemos que tomar banho na casa do tio Boris e da tia Leia. Eu pude aproveitar um pouco dos seus livros.

Conto essas histórias para que meu filho Jacques conheça o seu pai e deixe de inventar, como fez no seu primeiro livro, *Antiterapias*. Jacques, que se tornou escritor, narrou suas histórias sem conhecer as minhas, as do avô e nem do passado de destruição na Bessarábia. Como ele deu uma atenção especial à família da mãe, narro aqui a história do pai. Um romance para me lembrar, inventar e para deixar um legado.

Revisito o passado, pois gostaria de saber das histórias do meu pai, perdidas no tempo, nos (nossos) silêncios, e para que o Jacques não desconheça os resquícios das minhas.

# EM BRICENI

Meu pai se chamava Ghers. Não sei a pronúncia exata. Não sei como o seu pai, Simão, e sua mãe, Hasea, o chamavam (conheci minha avó Hasea, mas não me lembro de como ela chamava por papai). Também não sei se os nomes Simão e Hasea são verdadeiros ou foram abrasileirados (talvez meu avô se chamasse Schímen, Simão é um nome aportuguesado e ele nunca teve a sorte de pisar nestas terras).

Já que eles não me contavam nada, talvez quisessem se esquecer do passado, da língua, do nome do pai. Sei que o nome na certidão é Ghers Fux, filho de Simão Fux e Hasea Fux.

Meu pai virou Germano ao chegar ao Brasil. Virou Germano Fux, sem compartilhar histórias nem lembranças. Transformou-se no Germano dos colchões, no Germano alfaiate. No Germano já idoso, cansado, carinhoso e silencioso. No papai e no vovô Germano.

Do meu pai, herdei o sobrenome: Fux. Herdei sua ausência. Herdei a ignorância do meu passado. E, mesmo escrevendo este livro, ainda compartilho o seu silêncio.

Ghers Fux com certeza teve uma vida, uma história, uma narrativa com amores e amigos em Briceni até seus treze anos. Uma vida parecida com a dos jovens judeus que por lá viviam. O seu destino, no entanto, foi bem diferente do da maioria – ele, seus três irmãos e sua mãe sobreviveram, enquanto a maior parte dos judeus da Bessarábia, não. É curioso pensar que tudo o que contei até agora neste romance são as lembranças dos meus primeiros treze anos. Se são poucas e fragmentadas, as do meu pai, que nunca soube, estão apagadas. É triste a extinção das histórias, das memórias e, mais ainda, de toda uma vida e de uma cultura tão rica.

A primeira grande tragédia dos judeus bessarabianos aconteceu no dia 16 de fevereiro de 1903, em Kichinev, que já contava com 110 mil judeus e dezesseis escolas judaicas. Mesmo com tantos judeus e com toda cultura e tradições disponíveis para todos, a animosidade contra eles era grande, embora contida. Mas, naquele dia, um evento despertou toda a ira escondida e pulsante da população.

Um menino cristão foi encontrado assassinado às margens do rio Dniester, e as autoridades, sem nenhum constrangimento, disseram que o garoto tinha sido vítima de um ritual macabro: os judeus o teriam matado para extrair seu sangue e fabricar *matzót*, um pão ázimo comido

PAI                                                                    53

durante a Páscoa judaica, Pessakh. Mito antigo e divulgado entre os antissemitas. Apesar de descobrirem que o menino havia sido morto por um parente numa briga familiar, o governo viu nesse evento uma oportunidade de liberar o ódio da população já por demais contido. Assim, incitando a histeria – corroborada por um jornal russo de grande circulação –, teve início um *pogrom* que durou três dias, matou 49 judeus, feriu quinhentos e incendiou setecentas casas.

A casa dos antepassados de papai foi queimada. Creio ou invento que foi por isso que eles se mudaram de Kichinev para Briceni.

O escritor russo, jornalista e ativista dos direitos humanos Vladimir Korolenko esteve em Kichinev dois meses após esse *pogrom*. Sem entender o que havia acontecido, sem compreender tanto ódio e a violência, conversava atônito pelas ruas com judeus e não judeus, mas nunca descobriu o real motivo para aquele massacre. Inconformado, queria saber como era possível que pessoas decentes, pais de família, vizinhos cordiais, clientes e colegas de trabalho daqueles judeus, que jaziam nas ruas, pudessem se transformar em selvagens. "Quero que os leitores reflitam a partir desse sentimento de horror que se apossou de mim durante minha permanência em

Kichinev. Espero que a justiça encontre uma resposta, apesar de saber que dificilmente vai acontecer."

Hoje lemos essa indignação do escritor Vladimir Korolenko sabendo que eventos piores estavam por vir. Hoje lemos essas palavras e sabemos que nem a justiça e muito menos a história sabem dar alguma explicação. Os *pogroms* voltaram a se repetir em toda a Bessarábia enquanto ocorria a primeira Revolução Russa de 1905. Um segundo massacre em Kichinev deu origem ao célebre poema "A Cidade da Matança", escrito por Haim Bialik:

De ferro e aço, frios e mudos,
Forja um coração, oh, homem, e avança,
Vem, vamos à cidade onde se fez a matança.
Mira com teus olhos, toca com tuas mãos,
Nas paredes, nas portas, nas pilastras, nos muros,
Na madeira e nas pedras das ruas,
As manchas de sangue negro e ressecado."

A família de papai sobreviveu – ou a parte que daria origem ao meu pai – e continuou vivendo na cidade da matança até que decidiram se mudar para Briceni. Não sei quantos parentes morreram e quantas histórias e relatos estão enterrados. Não sei e acredito que hoje seja

PAI 55

impossível saber, mesmo se reconstruirmos e revelarmos suas lápides.

O Cemitério Judaico da cidade de Kichinev foi inaugurado no século XVIII. Parece que os primeiros enterros ocorreram logo depois. Parece que antes da destruição total dos judeus havia por lá cerca de quarenta mil túmulos. Tudo indica que as autoridades nunca se importaram com o fato de que os cemitérios judeus fossem "eternos", que não poderiam ser profanados, pois, em 1958, parte do cemitério foi usada para a criação da Praça do Mercado e, em seguida, foram construídas quadras de tênis e edifícios na outra parte. Na década de 1960, deram o nome de parque Kuibischeva, e agora é chamado de parque Alunel. As lápides, que não deveriam ser profanadas, podem ter sido usadas como material de construção para o cemitério armênio-católico, o cemitério militar e outros. E também como paralelepípedos do parque. Acredito que, algumas vezes, nomes de vítimas desses primeiros *pogroms* aparecem, mas não são reconhecidos. Talvez um dia o nome de algum dos meus parentes apareça num novo paralelepípedo, mas ninguém nunca saberá.

Por causa desses *pogroms*, milhares de judeus da Bessarábia emigraram para a antiga Palestina, os Estados Unidos, a Europa Ocidental e diferentes países da América do Sul.

Após a vitoriosa Revolução Russa de 1917, a Bessarábia foi incorporada ao domínio soviético, e os novos políticos aboliram algumas restrições aplicadas aos judeus. Porém, no ano seguinte, os bolcheviques perderam a Bessarábia para a Romênia, que a dominou de 1918 a 1940. Dizem que foram os melhores anos para os judeus bessarabianos, pois, de forma automática, passaram a ser cidadãos romenos e receberam permissão para abrir escolas, sinagogas e estudarem ídiche. Um sopro de (falsa) esperança. A situação parecia boa, já que em 1922 viviam em toda a Bessarábia 270 mil judeus, com 140 escolas, treze hospitais e vários lares para os idosos. A cultura aflorava. Violinistas tocavam nos telhados, nas praças, nas casas e nas ruas.

A família de papai vivia por lá. Não sei com qual sentimento. Não sei se eram esperançosos ou temerosos. Sei que viramos uma família receosa com o futuro.

Papai tem documentos bessarabianos, russos e romenos, e demorei anos para entender toda essa bagunça. (Jacques sempre me perguntava sobre esses "lugares de memória", mas eu sempre me esquivava.) Ele chegou ao Brasil em 1930, falava ídiche, mas nunca me ensinou. Papai não me deixou nenhum nome de nenhum parente. Não me deixou nenhum caderno de memórias. Nada de restos e rastros. Não consigo sequer encontrar a sua certidão de nascimento original – será que ainda está em algum cartório de Briceni ou foi queimada e exterminada, assim como toda a presença judaica por lá?

Não sei de nada e nem desconfio de muita coisa.

# HISTÓRIAS E
# NÃO HISTÓRIAS

Ghers Fux nasceu em Briceni no dia 8 de novembro de 1917. Só sei o local de seu nascimento por conta de sua certidão de casamento.

Não sei se papai frequentou alguma escola, a que horas acordava, se pegava a carroça, se contava alguma piada sem graça, se fazia seus deveres, se gostava de matemática, se consumia comida *koscher*, se era uma criança alegre, se tinha amigos, se gostava dos professores, se nadava em algum lago aos fins de semana, se sentia frio no inverno, se seus pais eram carinhosos, se tinha medo do escuro, se foi perseguido. Não sei se meu pai estava preparado para o que seu futuro lhe reservava.

Sei apenas um pouco de mim. Estudei no Colégio Anchieta e íamos de lotação todos os dias para a aula. Conhecia o dono do veículo e também o trocador. Quando voltava da escola, assumia sua função para não pagar a passagem. Foi o meu primeiro trabalho remunerado.

Deixava para fazer os "para casa" antes do início das aulas junto com um colega que se chamava José de Farias

Filho – e ele dizia que, por se chamar "Farias", nunca fazia os exercícios. Então os copiava de mim, exceto os de matemática, que sempre foi o meu ponto fraco. (Ironia do destino: Jacques se formou em matemática.) Claro, por deixar para última hora, alguns dias não dava tempo e, se os professores cobrassem a tarefa, um "cheque" em que constava a "não elaboração dos exercícios" era feito e tínhamos que ficar presos no colégio até que terminássemos os deveres. Isso podia se estender noite adentro.

Nesses momentos, me sentia azarado, injustiçado e perseguido. Se soubesse – se o meu pai tivesse me contado – o que era ser azarado, injustiçado e perseguido, nunca teria tido esses sentimentos.

Não me lembro de meus pais me cobrarem notas boas. Como era o primogênito, não havia controle. Sempre estudei sozinho, acho que não me esforçava o quanto deveria, mas ia progredindo.

Antes do Colégio Anchieta, fui aluno da Escola Israelita Brasileira, que ficava na rua Guajajaras, e lá fiz o antigo primário. Lembro-me de que fui reprovado, pois no dia da prova final fiquei com sarampo. Depois do primeiro, fui até o quarto ano sem grandes problemas. O exame final daquele ano foi realizado numa escola estadual que ficava na rua Jacuí com Silviano Brandão. Lembro-me de que a

PAI                                                              61

professora Silvia ligou para o bar que tinha em frente de
minha casa – o Bar do Sr. Tião – avisando que tinha passado de ano com a nota mínima, sete. Até hoje me recordo
da professora Silvia me ajudando na escola e da alegria
que fiquei ao saber que tinha sido aprovado com um glo-
rioso sete.

(Será que a nota para ser aprovado nas escolas de Briceni era sete? Isso de fato tem importância? Talvez se eu
conhecesse justamente as coisas desimportantes, saberia
alguma coisa do passado do meu pai.)

Lembro-me do dia em que fui fazer o exame de admis-
são, como era chamado na época, para entrar no Colégio
Anchieta. Fui reprovado na primeira e na segunda ten-
tativa. Não desisti até passar na terceira. Já no Anchieta,
fui reprovado mais uma vez, agora em matemática, mas
foi a última vez. Decorei o Teorema do Ângulo Externo e
consegui passar pelo Primeiro Grau.

(Por que será que me lembro desses detalhes tão
inexpressivos? Por que me lembro do nome "Teorema
do Ângulo Externo" se não sei nada disso? Também
nunca contei dessas reprovações para o Jacques; ficava
com receio de ele ter alguma justificativa para ser reprovado também.)

No Segundo Grau, podíamos optar pelo estudo científico, clássico ou pelas exatas. Fiz o curso clássico, estudando português, inglês, latim, geografia, história e outras. Nunca mais estudei matemática, física, química e biologia. No terceiro ano, fui para o Colégio Ângelo Roncalli, fundado por professores que saíram do Anchieta. Fiz o Pré-Vestibular Champagnat e passei nos vestibulares de Direito da PUC, da Federal, e de História também na PUC. Cursei Direito na Federal e História na PUC, um pela manhã e outro à noite. Nessa época, comprava canetas, isqueiros, perfumes e até modelos processuais para vender nessas faculdades e fazer um dinheiro extra. (Lembro-me de que, certa vez, em minha casa no Carlos Prates, coloquei meus irmãos e primos sentados numa escada apoiada em duas cadeiras e comecei a ensinar algumas coisas. Não sei exatamente o quê, mas já me sentia um professor, profissão que segui por mais de cinquenta anos. Profissão que o Jacques sempre rejeitou, mas que também acabou assumindo. Legado.)

Lembro-me de que, quando estava no Anchieta, tive que tomar uma injeção de penicilina. A aplicação era feita pelo farmacêutico, em casa. Enquanto ele preparava a injeção, eu, com medo, comecei a correr e me escondi debaixo da cama. O farmacêutico tentou aplicar,

PAI 63

mas, como demorou muito, a agulha acabou entupindo. Ele então a trocou e tive que tomar duas picadas. Continuo com medo de injeção.

(Não sei se meu pai teve que tomar algum remédio. Se ele teve que se esconder alguma vez. Se algum colega o perseguiu, como perseguiam tantos judeus na época. Se ele era nostálgico como eu. Se ele sofria de certas saudades.)

Nessa época, alguns colegas ficavam sentados no meio da rua fumando. Sempre me ofereciam um cigarro para fumar, mas eu raramente aceitava. Não gostava, mas a forma como soltavam a fumaça e o prazer que demonstravam eram tentadores. Todos os dias mamãe dizia: "já vai encontrar com a molecada de rua. Eles são mau exemplo para você". Uma vez, resolvi comprar logo um maço de cigarro Continental ou Hollywood e uma caixa de fósforos. Acho que cheguei a fumar um ou dois cigarros no banheiro do Anchieta.

Numa tarde, depois de encontrar os moleques da rua, voltei para casa e vi, em cima da cristaleira da sala, o maço de cigarro e os fósforos que mamãe havia retirado do meu uniforme. Peguei o maço e o escondi. Papai, que sempre voltava do trabalho por volta das sete horas, chegou, e ouvi mamãe dizendo: "Hersch (era assim que ela o chamava – será que era assim a pronúncia verdadeira do seu nome?), encontrei no uniforme de seu filho um maço de cigarros e uma caixa de fósforos. Deixei em cima da cristaleira e parece que ele os pegou de volta e os escondeu. O que podemos fazer?" (Estranho eu me lembrar dessa conversa. Meus pais conversavam em ídiche e eu não entendia quase nada do que falavam.)

Meu pai então me chamou para conversar: "Samuel, você ainda depende de mim para suas despesas. Para cigarro, não vou dar. Quando você ganhar o seu próprio dinheiro, se quiser gastar com cigarros, tudo bem. Agora, não." Não me bateu, não xingou, apenas argumentou de forma convincente. Nunca mais comprei um maço de cigarro.

A cidade de Briceni abriu sua primeira escola judaica em 1847, mas nunca teve faculdade – ao longo da história, sempre houve uma cota mínima destinada para judeus irem estudar nas capitais. Uma cota que limitava os sonhos e ascensão dos judeus da Bessarábia. Em 1885, Briceni fundou seu primeiro hospital judaico, um símbolo de esperança – um sentimento de futuro que logo seria destruído.

Papai deve ter estudado nessa escola judaica e sonhado fazer faculdade. Deve ter fumado, conspirado com os moleques e almejado se tornar médico ou professor. Papai, um dia qualquer, brincando com o canivete, deve ter se ferido na perna ou no braço e corrido a esse hospital para tomar alguns pontos. Papai não deve ter tomado injeções nesse hospital (nem existia, acho). Será que ele tinha medo de dor assim como eu? Com certeza, se algum dia ele teve medo, esse medo foi substituído e silenciado por outros piores.

# O TRABALHO ENOBRECE?

Na casa do Carlos Prates, o morador que alugava o barracão no quintal de nossa casa tinha um armazém, e era ele também o responsável por dirigir o lotação que levava os alunos às escolas. Eu fazia uns bicos nesse armazém, que ficava na rua Três Pontas, próximo à nossa casa. Naquela época, os alimentos eram vendidos a granel e ficavam expostos em recipientes separados. Pegávamos com uma colher grande e pesávamos, numa balança, feijão, arroz, açúcar, sal, doce de leite, maria mole, pé de moleque e outros mantimentos. Não havia embalagens para esses produtos. No fim do expediente, tinha direito ao meu quinhão em doces.

Ainda novo, disse ao papai que queria aprender datilografia. Ele arranjou para que eu fosse todas as tardes a um escritório de contabilidade. Mucio Paulo de Souza Novais, que era contador e responsável pelo local, começou a me ensinar datilografia. Aos poucos fui ficando rápido. (Coloquei o Jacques aos sete anos no curso de datilografia.) Como passava as tardes por lá, o gerente da filial, Orestes Federico, ainda me designava pequenas

6 8  MEU

tarefas: entregar cartas nas proximidades, faturar mercadorias compradas nas lojas e datilografar os "carnês" de vendas. Um pouco depois, fiz trabalhos de contador – naquela época, acredito, a contabilidade era simples, e a legislação menos complexa que hoje. Quase me tornei contador.

(Um grande amigo da época da contabilidade que levei para a vida: o Elias do Carmo Costa, marceneiro, que passou a fazer diversos serviços para nossa família. Anos depois, encontrei o sr. Orestes na avenida Afonso Pena com sua pastinha de corretor de imóveis e ele me convidou para sua festa de oitenta anos. Eu e Elias estivemos juntos na festa.)

Os versos da música "Over the Rainbow" – "Onde o céu sempre azul nos faz lembrar, onde a gente consegue os sonhos realizar/ e quando a chuva tamborila na vidraça da janela" – me fizeram voltar aos anos de 1958 a 1965, não sei a data correta. Trabalhava ouvindo meu radinho na Cama Patente, e eu, sr. Elias, sr. Orestes, Helena, Arlete, Jair e Wilsom fomos convidados por uma das funcionárias para irmos à casa de sua mãe, no interior de Minas. Não me lembro do nome da cidade, mas, quando chegamos, vimos criações de galinhas, plantações e hortas, árvores frutíferas. Era a primeira vez que eu ia passear no interior

PAI                                                    69

de Minas Gerais, e para mim foi uma experiência inesquecível. Quando chegou a hora do almoço, havia todo tipo de comida: frango assado, carne cozida, carne assada, pernil, batatas fritas e cozidas, macarrão à bolonhesa, arroz, feijão, saladas diversas, ovos cozidos e muito mais. Era um verdadeiro banquete. Para mim era tudo novidade, pois nunca tinha ido a uma casa no interior – como papai e mamãe não tinham raízes nas terras brasileiras, não tínhamos nenhum contato com esse mundo. Comecei a fazer o meu prato com feijão, arroz, batatas fritas, carne e frango. Na primeira garfada, senti um forte gosto de pimenta. Pulei para a carne com batatas fritas e mais pimenta. Parti para o macarrão e a pimenta ainda estava lá. Apelei para a salada e tinha mais pimenta. Não consegui comer nada e fui tentando despistar, mas deixei muita comida no prato. Então, a nossa colega Arlete, vendo a minha dificuldade, comentou: "Acabei de me lembrar que o Samuel não come pimenta." Fiquei sem graça e ela comentou que, no interior, pelo menos naquela cidade, todos gostavam de pimenta.

(Eu queria conhecer as memórias cotidianas do meu pai. De sua época em Briceni. Queria saber o nome completo dos seus amigos, as bobagens que falavam nas ruas, os encontros casuais, os dias em que ele mais sorria, o nome das ruas de sua cidade, como era a casa em que morava, a comida de que gostava, se a culinária bessarabiana tinha pimenta, coentro, cominho. Queria saber qualquer coisa das suas brincadeiras e brigas com os irmãos, a relação com seus pais, se já teve um sapato de camurça furado, as ninharias do cotidiano. Se soubesse de algo, qualquer coisa, saberia reconstruir e edificar algum passado. Afinal, disso é feita a vida, dos detalhes, das minúcias, das quinquilharias. Munido das miudezas é que se prova que uma vida foi vivida.)

Quando ainda era rapazinho e trabalhava na Cama Patente, passava diversas vezes na porta da Sapataria Americana, que ficava na rua Tupinambás quase com avenida Afonso Pena. Olhava na vitrine um sapato que me chamava a atenção. Durante muito tempo admirei aquele calçado e decidi que tão logo tivesse condições de comprá-lo, não pensaria duas vezes. Um dia, ao receber meu pagamento, fui à loja e o comprei.

Quando cheguei em casa todo satisfeito, mostrei para papai e mamãe o sapato de camurça, marrom e branco. Não sei se eu era inocente ou se não prestava atenção na moda, mas meu pai me disse: "Samuel, este sapato é usado por malandros, pessoas que não são trabalhadores e que vivem na boemia. Pessoas de boa família não

PAI                                                                71

os usam." O sapato era bonito e me agradava, mas não sabia dessa conotação. Voltei à loja triste, e o troquei por um calçado de que não lembro modelo nem cor. Com certeza era sem graça.

(Por que será que me lembro dessas passagens insignificantes com meu pai? Conversa sobre cigarros, carros e sapatos? Onde estão, onde foram parar as coisas importantes? Quais seriam elas?)

O que será que incomodou papai ao ver aqueles sapatos de camurça marrom e branco? Qual lembrança foi despertada? Agora, remoendo memórias, sei que papai dava importância aos calçados. Em alguma parte do passado, creio que ele tenha desembarcado descalço no Brasil. Com treze anos, acompanhado da mãe, Hasea Fux, dos irmãos, Leia, Abraão e Clara, estava com os pés descalços. Todos (também os pés) muito machucados.

Na cidade de Briceni, em 1898, havia sete mil judeus de uma população total de oito mil e poucos. Desses, em torno de novecentos trabalhavam como artesãos, a maioria deles produzindo e exportando sobretudos e chapéus. Algumas famílias se dedicavam à jardinagem, à produção de fumo e calçados, outros faziam trabalhos gerais e braçais nas mercearias, nas carroças e nas escolas. Os que ascenderam na carreira foram traídos pouco depois e tiveram seus bens arrancados. Talvez meu avô vendesse um pouco de feijão, arroz, açúcar, sal e outros mantimentos a granel, sonhando com um trabalho melhor. Talvez ele tivesse conseguido juntar algum dinheiro e imaginado uma vida melhor para seus quatro filhos. Talvez ele tenha desejado viver em Briceni por toda a vida. Mas algo o expulsou de lá. Na Cama Patente, trabalhava no mezanino onde ficava o cofre, as mesas dos funcionários, as máquinas de escrever, os livros de contabilidade e o telefone. Éramos cinco funcionários: o contador, a escriturária, o sr. Orestes Federico, o gerente e eu. O sr. Orestes tinha um modo peculiar e espalhafatoso de subir as escadas do mezanino, e nós sabíamos quando ele chegava.

Durante a Copa do Mundo, não me lembro se a de 1958 ou 1962, estava com meu radinho de pilha ligado na transmissão no horário em que o sr. Orestes havia saído para almoçar. Distraído, só percebi que ele já havia chegado quando estava no corredor do mezanino e, em vez de desligar ou abaixar o som e colocar o radinho na gaveta, sem querer aumentei o volume e fiquei aguardando pela bronca. Porém, o sr. Orestes, descobri anos depois, era um pouco surdo e nem percebeu esse meu deslize.

Papai adorava assistir a futebol. Só no estádio ele se soltava. Tinha um grande amigo, Carlinhos. Quase um

PAI                                        73

irmão. Não era judeu. Desde jovens, eles eram insepará-
veis. As famílias se encontravam sempre para almoços e
comemorações. Íamos juntos, na caminhonete do papai,
ao Mineirão ou ao Independência, assistir ao jogo do Galo.
Lá, papai e Carlinhos extravasavam os silêncios e todo
o ressentimento de uma vida. Sorriam, gritavam, xinga-
vam. Um dia, durante um jogo disputadíssimo entre Galo
e Cruzeiro, Carlinhos começou a se sentir mal – uma dor
no peito. Saímos do campo e fomos direto para o hospital.
Um médico o diagnosticou com um problema cardíaco e
o proibiu de frequentar os campos de futebol. Papai ficou
desanimado e nunca mais fomos a um estádio.

Ao revirar fotografias antigas, encontrei uma com o
Carlinhos de uniforme militar em companhia de papai.
Nem me recordava que ele era militar. Será que era? (Lem-
brei-me de que Carlinhos era sapateiro e que eu sempre
tive vontade de ter um mocassim. Carlinhos ficou sabendo
desse meu desejo e, quando fiz aniversário, me deu de presente um par preto. Calcei-o e percebi que o número do
sapato era bem menor que meu pé, mas mesmo assim usei
durante algum tempo, já que desse sapato papai gostava.)

A amizade entre as famílias continuou, até que um dia
meu pai teve um infarto e ficou internado na UTI durante
dez dias. Quando achávamos que estava se recuperando,

faleceu em pleno Dia dos Professores. Carlinhos, que havia sido diagnosticado com problemas cardíacos, viveu ainda muitos anos depois do falecimento de papai.

A morte do pai. A morte do meu pai. Foi então que me dei conta do tanto que gostaria de conhecê-lo. Percebi o tanto de silêncios que tínhamos vivido até aquele dia. Entendi que viveria pelo resto da minha vida imerso nessa falta, com nós que nunca seriam desatados.

Em 1968 a filial da Cama Patente encerrou suas atividades em Belo Horizonte. Consta, em minha carteira de trabalho "de menor", o período de 1960 até 1968. Guardo com carinho esse documento e a memória dos amigos que fiz.

Tempos depois, um representante da Cama Patente, que também vendia sapatos e outros bens pelo interior, abriu um escritório na rua Rio de Janeiro, perto da rua Caetés, e me convidou para tomar conta do escritório enquanto viajava a trabalho. Fiquei lá durante alguns meses e, como não havia quase nenhum serviço para fazer, ficava estudando para o vestibular. Ganhei de presente um cofre do sr. Orestes. Guardei nesse cofre uma coleção de três livros da Enciclopédia Barsa que recebi do representante como pagamento. Foi minha homenagem ao Tio Boris.

PAI

Outras lembranças e ninharias: vendas com carnê mensal de Cestas de Natal Amaral para os meus colegas da Cama Patente; a lanchonete Pinguim, que ficava ao lado da Cama Patente, e onde tomávamos iogurte batido com açúcar no liquidificador; o Banco Ribeiro Junqueira, local em que, aos treze anos, abri minha primeira conta bancária e, com autorização de papai, retirava cheques, assinava e poupava para o futuro; uma conversa que tive com o cantor Roberto Carlos quando ele se hospedou no Hotel Majestic, na rua Espírito Santo, e ainda era um cantor em início de carreira. (Será que o Rei seguiu algum dos meus conselhos?)

De todas as lembranças que guardo da Cama Patente e que vão se perdendo com o tempo, a mais importante ainda me acompanha diariamente. Que sorte eu tenho! Tinha o costume de andar pela rua Espírito Santo e Tupinambás e sempre reparava em uma mocinha que ficava na loja Fonte das Roupas. Olhava, já com o coração batendo diferente, para dentro da loja buscando encontrá-la. Fiz bastante esse trajeto, até que um dia nos conhecemos. Tudo mudou na minha vida.

Como era tímido, não havia maneira de conversar com ela. Resolvi então me candidatar aos cargos de representante de turma e presidente do Grêmio Literário. Foi a solução que encontrei para desenvolver a capacidade de comunicação e superar a dificuldade em conversar com os colegas. E, quem sabe, ter a coragem para ir até a Fonte das Roupas e convidar aquela mocinha para sair. Achava difícil conversar com as pessoas, pois não tinha assuntos que pudesse interessar. A experiência na presidência do Grêmio me ajudou. Acumulei os cargos de presidente, representante de sala e esportivo. Nunca me livrei da timidez, mas um dia, aos dezessete anos, consegui conversar com essa mocinha de catorze anos, que ficava na loja de roupas de sua família. As primeiras palavras, na verdade, aconteceram durante o Carnaval na porta da União Israelita Brasileira.

Mas não foi fácil. Tivemos que sair muitas vezes até eu ter coragem de propor algo além das palavras. Quando comecei a tentar namorar Nelma, vi a dificuldade que tinha para demonstrar o meu interesse e a vontade de transformar amizade em namoro. Íamos juntos à Associação Israelita Brasileira, conversávamos sobre tudo, caminhávamos lado a lado, separados do grupo, mas demorou para que eu tivesse coragem de pedi-la em namoro. Era medo de ser recusado e excesso de timidez. Não sei se ela percebia isso. Foram meses até que um dia consegui. (Meu pai nunca me ensinou a demonstrar

PAI 77

afeto. Carinho, amor, cuidado eram passados sempre em silêncio. Sempre com peso, com dor e com culpa. Tentei fazer diferente com a Nelma e com meus filhos. Não sei se consegui.)

O namoro durou sete anos, e o noivado mais um. Estamos casados há cinquenta anos, e o casamento com Nelma foi a melhor decisão que tomei na vida. Os anos voaram, mas ainda me lembro de como foi difícil pegar na sua mão, mesmo depois de começarmos a namorar.

Nos casamos no civil no dia primeiro de julho de 1971. Apesar de já casados, e com todos os móveis instalados na rua Claudio Manoel 910, no apartamento cedido pela sua avó, Clara Catarina Bortmam, a minha sogra Amália disse que o colchão de casal somente deveria ser colocado depois do casamento religioso. Quem fabricou o colchão de molas foi o meu pai, junto com os travesseiros de pena de ganso, que ficaram bem altos. Nessa primeira noite, ainda sem colchão, percebemos que a luz do apartamento havia sido cortada, pois tinham descoberto "um gato". Como dormiríamos no apartamento somente de domingo para segunda – a lua de mel para a Argentina estava confirmada – conseguimos que um eletricista refizesse o gato. Quando voltamos de viagem, pagamos todas as contas atrasadas do antigo inquilino. No dia três de julho foi realizado o casamento religioso na Associação Israelita Brasileira, com bolo, música e com direito a colchão de molas.

Não sei como papai conheceu mamãe. Não sei se ele teve a mesma dificuldade que eu para pegar na sua mão. Não sei quantos anos tinham. Sei que eles tiveram uma relação amistosa. Tranquila. Silenciosa. Não sei se minha mãe conhecia a história dos primeiros treze anos de papai.

# COLEÇÕES:
# FARTURAS E PRIVAÇÕES

Sempre tive mania de colecionar. Comecei com uma coleção de selos ao ganhar os primeiros de meu primo Samuel Brener. Como era criança, não conhecia nenhum dos países que emitiam aqueles selos. Comprei um caderno e nele fui colocando os nomes dos lugares desconhecidos e exóticos. Catalogava e sonhava conhecer todos aqueles países.

Curioso me lembrar dessa coleção. Eu recortava os selos das cartas, prestava atenção nas letras, nas margens, nos desenhos, nas imagens, nos carimbos, mas nunca tive curiosidade de olhar os remetentes. Alguma carta tinha vindo da Romênia? Da Moldávia? Da Bessarábia? Também não sabia se aquelas cartas eram destinadas ao papai, se ele as respondia, se sentia alguma saudade ou se lágrimas escorriam de seus olhos quando recebia – e se recebia – alguma notícia da sua terra. Acho que não. Pelo que sei, não sobrou ninguém da família do meu pai.

Coleciono chaveiros. Quando me casei com Nelma, juntamos as nossas coleções. A dela era variada, e alguns chaveiros foram guardados pelo sr. Jacob, seu avô.

Coleciono caixas de fósforo de propaganda, carrinhos em miniatura, cartões de crédito vencidos, cartões telefônicos, tartarugas, colheres com o nome dos locais visitados, caixinhas de madeira de charutos, notas e moedas. Sei que nem tudo pode ser colecionado e guardado, mas tento. Não sou um acumulador, mas me apego às bugigangas e suas histórias. Gostaria de poder ter um museu para fatos esquecidos e memórias inventadas.

Gostaria de ter um museu com as coleções de fatos e memórias do meu pai.

(Eu me questiono: se fui capaz de viver uma vida desconhecendo o passado, tenho o direito de desvendá-lo? De reconstruí-lo? Acredito que o êxito dos *pogroms*, o sucesso do antissemitismo e do nazismo também podem e devem ser medidos na perpetuação do silêncio dos que viveram e que não conseguiram falar, como meu pai.)

Para guardar essas coleções, tive uns quartinhos-museus. O primeiro, na casa do Carlos Prates, num espaço no fundo do quintal e próximo à cozinha. Nas estantes coloquei livros e outros objetos e também uma mesa para estudos e para a construção dos aeromodelos. Acabou se transformando em depósito de objetos. Quando me casei, esse quartinho virou local para guardar a coleção de lápis de propaganda e os projetores de filmes. Esse quartinho

PAI 81

foi sofrendo infiltrações, e um dia a caixa onde guardava a coleção de lápis apodreceu e os deixou imprestáveis. Resgatei um pedaço de lápis de propaganda da Fonte das Roupas que era de propriedade do sr. Benjamin e sr. Jacob, pai e avô de Nelma – lugar onde a vi pela primeira vez. Os projetores ficaram enferrujados e jogamos tudo fora. Depois esse quartinho foi ampliado para servir como residência do meu irmão. Construí outro quartinho na minha casa atual, mas a Nelma reclama que não o mantenho arrumado. Como é possível manter organizadas as memórias, as histórias e um passado tão remoto e perturbado?

Um pouco antes de começar a Segunda Guerra, os romenos já eram aliados de Hitler, e foi o próprio ditador romeno Antonescu, para mostrar sua fidelidade aos nazistas e seus verdadeiros sentimentos em relação aos judeus, que fez questão de ordenar o assassinato de judeus na Bessarábia.

Era o início do fim da história e cultura judaicas na região.

Em Kichinev, a aniquilação foi dividida em fases. Quando as tropas nazistas e romenas ocuparam a região, mataram em torno de dez mil judeus em suas casas e no meio das ruas. As coleções de arte, e também de selos,

lápis, chaveiros que tinham algum valor, foram surrupia-
das pelo governo e pelos vizinhos. Já fotos e filmagens,
não; elas tinham que ser queimadas para esconder
a história e a passagem dos judeus por aquela região.
Memoricídio.

(Será por isso que nunca vi nenhuma foto de papai
na Bessarábia? Nenhuma foto de papai com sua família?
Amigos? Escola? Formatura? Com o time de futebol? Será
que ele realmente fugiu com as roupas do corpo e com as
sementes mágicas escondidas no bolso do paletó?)

Os judeus que sobraram foram confinados num gueto.
Os alemães mataram de início as lideranças – médicos,
professores, advogados, engenheiros, intelectuais – que
exerciam influência em suas comunidades. Dos onze mil
que ficaram confinados no gueto, a maioria morreu por
fome, doenças, torturas e trabalhos forçados.

Na cidade de Tchernovitz, onde viviam cinquenta mil
judeus, os representantes do Banco Nacional da Romênia surrupiaram todas as propriedades, contas correntes,
cofres e coleções dos judeus, que, desesperados e já sem
nada, tentaram fugir atravessando o rio Dniester para
alcançar a Ucrânia.

E a Ucrânia não era um país amistoso. Muito pelo
contrário.

Nos campos de concentração e extermínio, estima-se que 250 mil judeus da Bessarábia morreram. O campo de Transnístria foi o mais populoso e esteve sempre sob controle dos romenos, que, diferentemente dos nazistas, matavam e não mantinham registros.

Quase todas as histórias estão perdidas nas cinzas do tempo.

# AEROMODELOS

Quando recebi o meu primeiro salário, comprei para a casa da mamãe um chuveiro elétrico Lorenzetti e um motor usado Max 15 junto com um kit de aeromodelo. Foi um sonho realizado.

Poucas lembranças tenho de fazer algo junto com meu pai, mas, nesse dia, colocamos muito ansiosos o motor na bancada de madeira e ele, com a mão esquerda, tentou fazer o motor funcionar. Não dava certo por nada. (Não me lembro das expressões de papai. Não me lembro de ele demonstrar alegria, frustração ou carinho. Não me lembro se ficou desanimado com o motor que não pegava.) Fiquei preocupado imaginando que o motor estava com defeito. No dia seguinte, fui até a loja e falei com o proprietário que o motor não estava funcionando. Ele pegou o motor, colocou na bancada e fez o motor soltar aquele barulho que era música para os nossos ouvidos. Foi quando me dei conta de que em casa havíamos tentado dar partida no motor rodando a hélice para o lado contrário. Voltei todo satisfeito para casa e, junto com papai e meus irmãos, começamos a montar o avião.

Aproveitávamos o Campo do Caiçara, na Pampulha, e também o Mineirão: eu era o piloto, Benjamim fazia as montagens e a pintura, e Simão fazia o motor funcionar. Depois desse kit, passamos a montar outros modelos. Tivemos um avião próprio para competições de velocidade – ficamos em terceiro lugar no campeonato mineiro; um avião planador – competimos no Rio de Janeiro, mas, durante o pouso, o quebramos no telhado de um prédio; um avião especial para combate – com ele ganhei o primeiro lugar como iniciante; e um avião de radiocontrole moderno e caro – nunca consegui pilotá-lo.

Anos depois, levei o Jacques à Pampulha para aprender a pilotar. Depois de algumas aulas, já o deixava comandar o avião sozinho. Um dia, lembro-me bem, decolei o avião e entreguei para ele, porém um redemoinho pegou o avião em pleno voo e Jacques perdeu o controle. O avião se espatifou. Depois disso, desanimados em começar tudo de novo, resolvemos doar os aviões que sobraram para o Museu do Brinquedo. Foi uma fase importante; tenho boas lembranças desses momentos, pois papai se juntava a nós nesses voos.

Eu tentava ensinar ao Jacques algumas coisas, mas não me lembro de papai me ensinar nada. Será que ele me ensinou a dar nó nos cadarços? A vestir a camisa do lado

PAI                                             87

certo? A escovar os dentes? Será que o pai do meu pai o
ensinou a andar de bicicleta? Será que ele algum dia teve
uma bicicleta? Teve sapatos? Escovas de dente? Além de
ser judeu, papai também sofreu por ser canhoto?

Lembro-me de um dia meu pai me ensinar com orgulho a dar um nó na gravata. Fiz o mesmo com o Jacques.

Lembro-me de andar de bicicleta. Ganhei uma usada
de meu primo Samuel, uma Philips, mas ela era alta para o
meu tamanho. Andávamos, caíamos, voltávamos a andar,
e uma vez quase atropelamos uma senhora. Num Natal,
papai nos presenteou com uma bicicleta menor que serviria para toda a família. Era uma Monark, que não tinha
freio no guidão – era necessário girar o pedal para trás.
Nunca nos acostumamos com ela. Lembro-me das bicicletas, mas não sei se papai alguma vez andou comigo.

Por que ganhávamos presentes de Natal? Acho que
era uma forma que papai tinha de se sentir brasileiro. De
agradecer ao país que o recebeu e que nunca o perseguiu.
Onde ele construiu sua família e nunca viveu nenhum
pogrom.

Quando pequeno, eu me reunia com os amigos e
eles sempre falavam da festa de Natal, da decoração
com árvores, bolas, enfeites e dos presentes que recebiam nesta data. A gente ficava com vontade de fazer o

88 MEU

mesmo. Um dia, eu e meus irmãos resolvemos colocar uma árvore de Natal na cozinha e a enfeitamos com bolas coloridas e colocamos embrulhos imitando presentes. Estávamos animados com a decoração e nem acreditávamos que isso fosse uma afronta à nossa cultura. Quando vovó Flora chegou à noite e viu aquela árvore, teve uma reação que nunca poderíamos imaginar. Mandou, aos gritos, que a desmanchássemos na mesma hora e que a colocássemos no lixo. Ficamos bastante assustados e nunca mais colocamos qualquer tipo de decoração natalina em nossa casa.

(Lembro-me de que no Natal sempre gostava de presentear mamãe. Já ganhava meio salário mínimo. Havia, na avenida Amazonas, uma loja de perfumes e presentinhos chamada Perfumaria Lourdes, que tinha umas jarrinhas de porcelana de vários modelos. Mamãe acabou tendo uma coleção dessas jarrinhas e as colocava numa cristaleira. Outra lembrança querida do Natal: ir à casa da Guluta, funcionária que trabalhou com meus pais por mais de três décadas. Ela morava na Gameleira e tinha uma casa com quintal, criação de galinhas, porcos e cachorros, algumas árvores frutíferas. Toda a família se juntava nesse domingo que antecedia o Natal. Todos os anos comíamos leitão, lombo e peru até o falecimento de papai.)

PAI 89

Nessa mesma época, fui chamado para participar de "O Céu É o Limite", um programa da TV Itacolomy. Lembro-me de que estava jogando futebol, e o dono do bar em frente à nossa casa me chamou para atender ao telefone. Era o responsável pelo programa dizendo que havia sido sorteado. Já não me lembro se papai foi comigo e se ficou feliz, mas me recordo de que o nome do apresentador era sr. Levy Freire. Não consegui responder a nenhuma das oito perguntas de História do Brasil. Uma ainda permanece na memória: "Qual a data do 'Dia do Fico'?" Envergonhado, sr. Levy me deu um prêmio de consolação, um revólver dourado, Colt 45. Voltei satisfeito para casa. O revólver ainda existe e faz parte das minhas memórias e das invenções literárias do Jacques.

(Será que foi por conta desse vexame que me tornei professor de História do Brasil? E que por anos expliquei com alegria o "Dia do Fico"?)

Papai tinha uma caminhonete verde e me deixava dirigir na Pampulha sempre com ele ao lado. Por conta dessas aulas, decidi, com dezessete anos e onze meses, pedir uma autorização especial para fazer autoescola. Fui ao Detran e o responsável, que me recebeu bem, disse obviamente que não permitiria. Esperei um mês e aprendi a dirigir num jipe na região da Assembleia Legislativa, lugar conhecido como "paraíso dos barbeiros". Fazia as aulas junto com outra pessoa e, depois de alguns dias, o professor disse que poderia marcar o exame. O colega também quis fazer, mas o professor o desaconselhou. Mesmo assim, ele foi em frente e marcamos o exame para o mesmo dia. Fui aprovado, e ele reprovado. Não me esqueço desse dia: 22 de maio de 1963, aniversário da Nelma, e isso aconteceu antes que eu soubesse que era uma data especial. Destino.

Será que papai ficou feliz e orgulhoso com a minha aprovação? Afinal, ele sabia que foi por conta das "aulas" na caminhonete verde que eu triunfei.

Anos depois, tive um Chevrolet 51, de cor preta, carro com que busquei a Nelma pela primeira vez em sua casa, quando iniciamos o namoro. Chamávamos de "Chevrolet de bundinha", pois tinha uma queda na parte traseira, onde era o porta malas, que parecia uma bundinha caída. Era um carro chique e saíamos para voltas, passeios, cinemas e festas. O carro tinha um defeito que custamos a descobrir: quando andávamos muito com ele, de repente, sem qualquer aviso, parava e nada o fazia andar. Então, encostava-o no meio-fio e aguardávamos por socorro – um telefonema do orelhão para papai, que logo aparecia em sua caminhonete trazendo um mecânico.

PAI                                          91

Quando chegavam, passados alguns minutos ou horas, o motor pegava com facilidade, deixando-nos sem graça. Isso aconteceu algumas vezes. Um dia, um mecânico se interessou pelo problema do carro e descobriu que o defeito era na "bobina". Quando o carro andava por muito tempo, ela esquentava e cortava a corrente elétrica, o motor "morria" e parava de funcionar.

Durante a véspera de um Natal, o bundinha foi roubado e o encontramos perto da Pampulha, no Ano Novo, todo sujo, sem gasolina, com restos de bebidas e cigarros, mas funcionando. Desolado, vendi o carro e então comprei o meu primeiro fusca, um vermelho. Papai sempre me contava histórias sobre os incríveis fusquinhas e me dava dicas para sua manutenção.

# À MINHA FAMÍLIA, À FAMÍLIA DO MEU PAI E ÀS FAMÍLIAS DA BESSARÁBIA

Benny, hoje com cinquenta anos, é a nossa eterna criança. Nasceu com paralisia cerebral, mas é uma benção. Carinhoso e atencioso, adora carrinhos de brinquedo. Tem uma estante cheia de fusquinhas e algumas caminhonetes que me lembram as do meu pai. Jacques, agora com quarenta e cinco anos, é o escritor da família. Escreve, inventa e enfrenta a família. Ele sempre quis conhecer mais da nossa história, mas infelizmente só consegui lembrar e revisitar o que aparece nestas páginas. Ele quer saber mais do seu pai, assim como eu gostaria de conhecer um pouco mais do meu.

Ficam estes pequenos fragmentos e invenções.

Em agosto de 1944, os russos ocuparam a Bessarábia e a incorporaram à União Soviética, batizando-a como República Socialista Soviética da Moldávia. O regime comunista também não foi amigável com os judeus. Novidade. As festas judaicas foram proibidas. Das dezenas de sinagogas que existiam, apenas uma, em Kichinev, ainda permanece. Em 1989, com o fim do comunismo e de uma guerra civil que durou três anos, a Moldávia se tornou uma democracia. O país foi acolhido em 1992 pelas Nações Unidas. É pobre e sem recursos naturais. Os dados do último censo mostram que não há mais nenhum judeu vivendo por lá, ou pelo menos alguém que se reconheça como judeu. Os judeus que vieram da Bessarábia ao Brasil viajaram de trem até o porto de Hamburgo, ou de Gênova, e de lá embarcaram em navios que os levaram para os Estados Unidos, Canadá, Argentina e Brasil. Os que vieram parar no Brasil desembarcaram nos portos do Rio de Janeiro ou de Santos, ou em Recife e Salvador, pois a passagem era mais barata. Não sei onde meu pai desembarcou, mas veio acompanhado de sua mãe e de seus três irmãos. Na saída da Bessarábia, não houve um adeus, sobretudo de seu pai.

A história que sei é que o meu avô Shimen foi assassinado num *pogrom* na frente do meu pai, então com sete anos de idade. Não sei se somente na frente do meu pai ou também dos seus irmãos (todos os meus tios deram o nome de Simão para algum de seus filhos). Imagino que meu avô tenha tentado ficar em Briceni pelo tempo que conseguiu. Acredito que ele tenha tentado proteger seus filhos das perseguições, dos *pogroms*, do antissemitismo, mas a história mostra que ele não teve sucesso. Talvez sua morte tenha sido a nossa salvação, já que meu pai se

PAI 95

viu obrigado a fugir. Se tivessem ficado por lá, como o resto da sua família, seriam liquidados pelos romenos ou pelos nazistas. Nossas histórias estariam nos escombros do gueto, dos campos de concentração ou no meio de uma rua qualquer, fruto de algum ato de barbárie dos vizinhos.

Um fato misterioso: o pai do meu avô, Nahum Fux, tem o registro de morte de 1956 (descobri num *site*). Neste ano, papai com quarenta anos já estava no Brasil há vinte e seis, e eu já tinha onze. Nunca ouvi falar desse bisavô vivo na Moldávia. Será que ele se escondeu? Que se converteu e se assimilou para se proteger? Será que teve outra família e nunca contou do seu passado, das suas raízes? Que adotou outro nome? Será que os passos de papai durante a noite eram de preocupação e saudades do seu avô? Será que algum daqueles selos que colecionei era de uma carta de Nahum? Será que ele está enterrado nos escombros de algum cemitério judaico?

Enfim, não sei de mais nada e imagino pouco. Vivemos uma vida sem saber e assim seguiremos o resto dela. Meu pai nunca conseguiu me contar a sua história – o que, infelizmente, atribuo à vitória dos nossos perpetradores. Também não sei se ele relatou para alguém – se o fez, também se perdeu. Aqui romanceio a história do meu pai e também a minha para que as migalhas de memórias e fatos resistam. E talvez se transformem.

Este livro foi impresso na cidade de São Bernardo do Campo,
nas oficinas da Paym Gráfica e Editora,
para a editora Perspectiva.